Luis A. Morales Guzmán

Luis A. Morales Guzmán

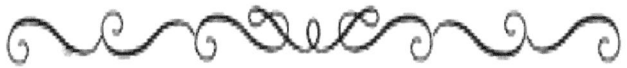

Sentimientos

Luis A. Morales Guzmán

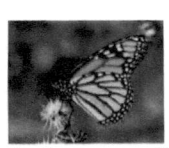

Del alma editores PR
@sentimientos 2015
Luis A. Morales Guzmán
Edición: Glendalis lugo
Del_alma_editores_pr@yahoo.com
Diagramación: Glendalis Lugo
Fotos de portada e interior: Solimar Ortiz Jusino

Luis A. Morales Guzmán

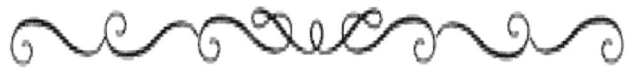

Prólogo

En las profundas entrañas de mi ser yace el nido maternal de mis ideas que al vestirlas con palabras tienen sabor y olor a las musas del Olimpo. Esa hermosa fusión de verbo y belleza es la proyección sublime del verso de Luis A. Morales Guzmán. Combina en su hermoso poemario la sensibilidad maternal al expresar:

Bendecidos sean tus brazos
que me dieron desde niño
ese amor, ese cariño
cuando estuve en tu regazo
bendecidos tus abrazos
¡Oh! madre del corazón
y bendita tu oración
para que cuide mis pasos.

El amor en sus múltiples manifestaciones es el cómplice más fiel de sus emociones literarias. Le canta con alma adolorida a la madre naturaleza.

Tus lagos están sufriendo

por tantos contaminantes
que el tirano desafiante
en su entorno va vertiendo
poco a poco va muriendo
el coyunto en la quebrada
y el zorzal en la enramada
un milagro está pidiendo.

Esa alma sensible y romántica del poeta se proyecta en: Qué me importa...Qué me importa ya el mundo /si mi mundo eres tú...Qué me importa el ancho mar / el cielo y las estrellas / si tú eres la doncella / con quien yo suelo soñar... Esos profundos sentimientos son el prisma de su musa poética variable, sencilla y a la misma vez compleja. Sus poemas denotan una gran plasticidad. Su pueblo y su patria grandes amores que emergen a saludarles de la pluma poética de Luis Morales Guzmán. Escoge con gran acierto algunos aspectos de la vida de su pueblo natal Patillas y los plasmas en hermosos versos en el poema: Esmeralda del Sureste.

Luis A. Morales Guzmán

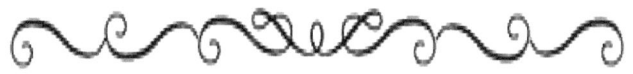

Tus tierras son el encanto
el alma y el corazón
de tus jibaros que son
los que cultivan tus campos
y recipientes del llanto
del hombre que te atesora
y la mujer que implora
para borrar tus quebrantos...

Con gran maestría utiliza la metáfora y la personificación para manifestar su puertorriqueñidad en todo su esplendor alude a Puerto Rico como: Precioso jardín de flores / espejo de las estrellas / tus playas hechiceras / tus costas vigilantes...

Su profundo amor por Puerto Rico lo manifiesta al expresar desde lo más recóndito de su corazón poético. Tierra bella, buena y pura / este jibaro te cela... y sentirme el amante de tu inmensa cordillera... Tu Julieta, yo Romeo / tu mi reina, mi amor / yo el humilde servidor / él que te ama sin rodeos...En sus nobles sentimientos no hay lugar para omisiones

como la lluvia fresca matinal riega las
flores así es la extensión de su amor
pasional.

Dejé correr mi pasión
y deseos sobre su piel
y la sentí estremecer
y agitarse el corazón
era toda tentación
sentir su cuerpo y el mío
como corriente de un rio
en la misma dirección...

También es romántico, le canta al
romanticismo, lo vive en una gran
dimensión espiritual. Esa hermosa
simbiosis de amor destella en su poema
Por Amor. Veamos...

Por amor hay alegría / en un par de
enamorados
Por amor un buen pintor / le da vida a
sus pinturas
Por amor una mujer / llega feliz al altar
Por amor un ruiseñor / da sus trinos
mañaneros...

En el poema Soy expresa:

Luis A. Morales Guzmán

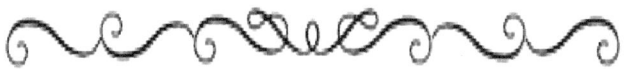

Soy amante de las flores
de la fauna y los riachuelos
labrador de estos suelos
donde florecen amores
soy de un astro los fulgores
de la mañana el rocío
y en el patrio suelo mío
gran jardín de cundeamores...

El poeta tiene a su haber entre otros
poemas: La muerte, Presiento, Cuando se
acabe mi tiempo, Si muero en, Lo vi en
sueños...
Este verso vibrante de exquisito lirismo,
hermosea una temática variadísima, su
alma viaja entre lágrimas y consuelos,
amores y desamores, animo y desanimo
por la vida, la naturaleza, el hombre y
folklore. Sentimientos encontrados se
hacen presentes en la obra poética de
Luis A. Morales Guzmán. El poemario
Sentimientos que brota de la multifa
cética pluma de Luis A. Morales Guzmán
es lectura obligada para todos los
hispanos parlantes de modo especial para
los patillenses y puertorriqueños.

Al leer sus poemas te transportaras al espacio sideral y escucharás la musicalidad de sus versos como arpas celestiales, penetraran en tu espíritu y habrás de vibrar de indescriptible emoción acercándote más y más a la presencia inconfundible de Dios.

Pedro J. Rivera Arbolay PhD
Enero 1 / 2015   Patillas

Luis A. Morales Guzmán

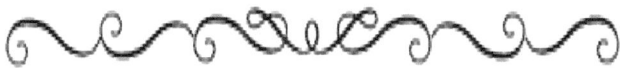

Dedicatoria

Dedico este poemario a toda mi familia, mi madre Ana María Guzmán Tirado, mi padre Anselmo Morales Dilán, que se encuentra morando con el Señor pero fue un amante de la música, la cultura y tradiciones puertorriqueñas. A mis hermanas María del Carmen, Carmen Milagros y Marta Beatriz, a mis hermanos Marcos Antonio, Miguel Ángel y Luis Manuel. Además a mis hijos Angela María (Angie), Luis Alberto (Luisito) y mis nietos Kariam y Anniel Baerga Morales y a Dante Ulises Morales.

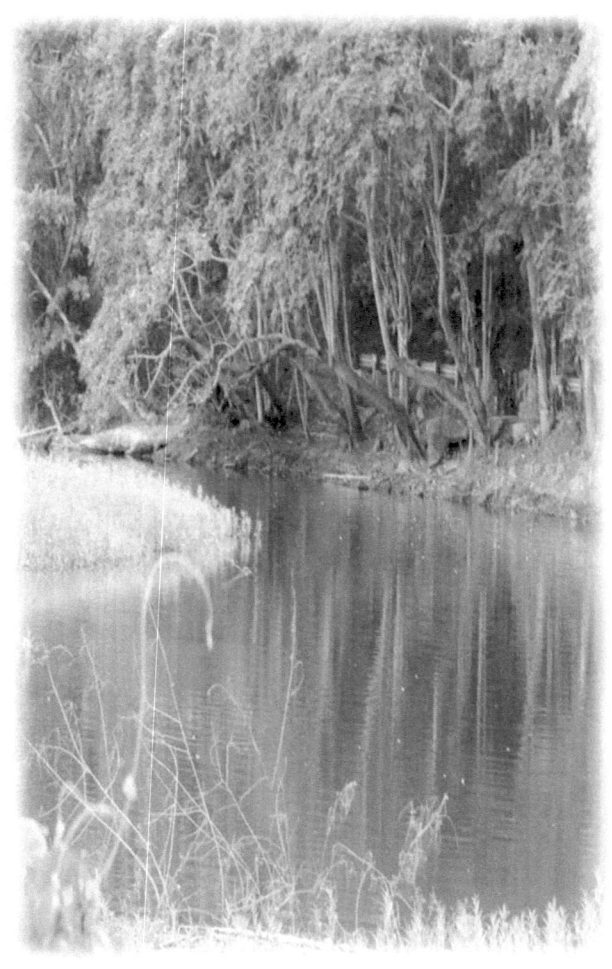

Luis A. Morales Guzmán

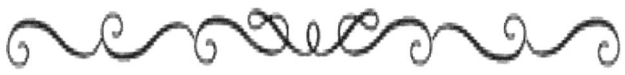

Sentimientos de amor

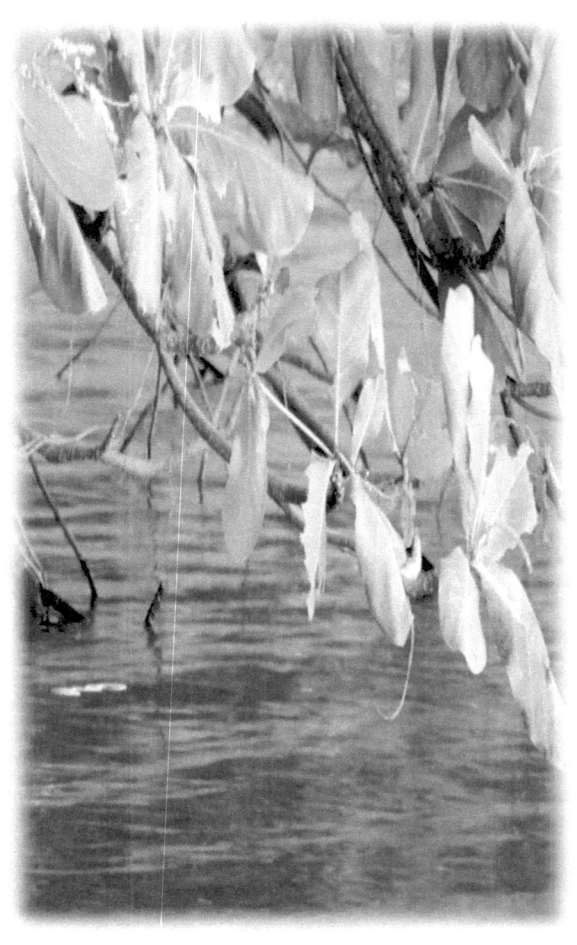

Luis A. Morales Guzmán

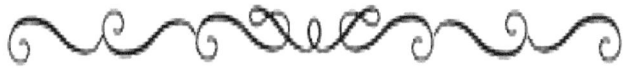

Blanca

Blanca de nombre y de piel
pura de alma, hermosa por fuera
labios que guardan tesoros de miel
ojos que hechizan con magia hechicera.

Cuerpo sediento de amor verdadero
manos que quieren brindar mil caricias
caderas que tienen vaivén de bolero
piernas que al moverse son pura delicias.

Voz que convence con pura dulzura
cabellos brillantes, suave como seda
caudal rebosante de tanta hermosura
mi diosa, mi venus será cuando quieras.

Noche de Amor

Estábamos los dos a solas
mirando el cielo y la luna
no hubo palabra alguna
total silencio en la alcoba
la sentí nerviosa toda
al tenerla entre mis brazos
y sus hermosos ojazos
me inspiraron para un oda.

Dejé correr mi pasión
y deseos sobre su piel
y la sentí estremecer
y agitarse el corazón
era toda tentación
sentir su cuerpo y el mío
como corriente de un rio
en la misma dirección.

Mis manos con gran ternura
la cubrieron de caricias
y poco a poco sin prisa
descubrieron su hermosura
y mis labios con dulzura
a los de ella se unieron

Luis A. Morales Guzmán

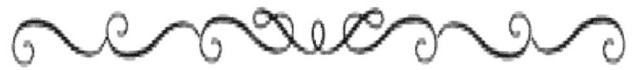

y beso a beso pidieron
muchas horas de locura.

Quité su bella chaqueta
para sentirla mejor,
esa noche de amor
la hice mía completa
la noche era perfecta
para dos enamorados
y cual corcel desbocado
me la llevé del planeta.

Y ya tendida en su lecho
sin pensar en las horas
con mi llama abrazadora
me apreté sobre sus pechos
la cubrí toda de besos
con mas deseos y pasión
entregué mi corazón
quedando en su cuerpo preso

Ilusión de ayer

Hoy que el tiempo ha pasado
y nos vemos frente a frente
me pregunto nuevamente
cuál sería mi pecado
si fue que te amé demasiado
o no te pude comprender
porque te di mi querer
como jamás lo había dado.

Y tus promesas de amor
me llenaron de alegría
sin sospechar que algún día
me causarían dolor
desgarrando mi interior
cual espada asesina
que me arrebata la vida
como en un duelo de honor.

Y me sentí abatido
jamás lo voy a negar
pues no pude imaginar
que me echarías al olvido
y que dejaras herido
a mi amante corazón

Luis A. Morales Guzmán

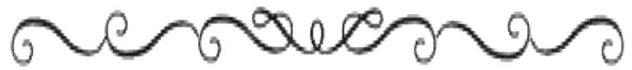

enterrando mi ilusión
como si fuera un castigo.

Y vi mis sueños tronchados
por ese amor que murió
pero mi honor no cedió
ni me viste arrodillado
y aunque sé que he llorado
como jamás lo pensé
me imagino que usted
algunas veces ha llorado.

No maldeciré mi suerte
ni culpare al destino
y seguiré mi camino
aunque no pueda tenerte
y si llegara la muerte
la aceptaré con valor
para enterrar este amor
que ayer me hizo quererte.

El Beso

Es el beso el detonante
en una noche de amor
el que nos brinda calor
que nos convierte en amantes
el que por largos instantes
de unos labios reclama
ese néctar que en la cama
dejaremos delirantes.

Es el beso con pasión
el que nos hace vibrar
el que nos hace brincar
de alegría el corazón
que te llena de emoción
cuando estas enamorado
el que te deja hechizado
y te roba la razón.

Hay besos que se han dado
y que han logrado herir
porque se dan por fingir
sin el deseo esperado
ese es el beso amargado
el que sabe a traición

Luis A. Morales Guzmán

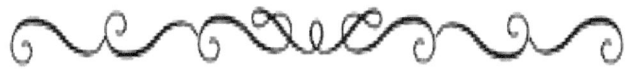

y no tiene compasión
de un pobre enamorado.

Hay quien besa por amor
y los da en abundancia
hay otros que en su arrogancia
brindan el beso traidor
el que deja en tu interior
las heridas más profundas
y al corazón lo inunda
de coraje y de rencor.

Un beso jamás se olvida
si es dulce y fielmente
y se lleva muy latente
como prenda preferida
el beso cura la herida
que la ciencia no ha podido
y levanta al caído
que por un beso suspira.

No hay beso más sincero
que el de la madre amorosa
y que al besarte provoca
a gritar un: te quiero
el que se da por entero

sin condición, ni interés
de los besos ese es
para mí siempre el primero.

Luis A. Morales Guzmán

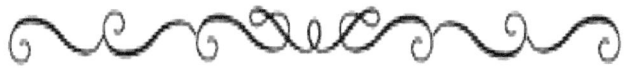

Por Amor

Por amor hay quien entrega
el alma sin condición
y se juega el corazón
como una fiera sin tregua
por amor hay quien le ruega
un milagro al creador
para que traiga el amor
que tanto espera y no llega.

Por amor todo lo bello
fue creado en el mundo
los océanos profundos
las estrellas y los cielos
las cascadas, los riachuelos
las flores, las mariposas
y las mujeres hermosas
que nos causan mil desvelos.

Por amor el crucificado
sin pensarlo se entregó
siendo hijo de Dios
libre de mancha y pecado
y nos dejó un legado a toda la
humanidad que vos améis

de verdad como él
habéis amado.

Por amor una mujer
llega feliz al altar
para ante Dios expresar
lo que siente en su ser
y por amor su querer
pronto la convertirá en su esposa
y sentirá que es la rosa
más hermosa de un vergel.

Por amor un ruiseñor
da sus trinos mañaneros
y el humilde jardinero
riega y cuida una flor
y el brillante fulgor
de un rayito de luna
se refleja en la laguna
como un acto de amor.

Por amor hay alegría
en un par de enamorados
hay también quien ha llorado
por amor día tras día
y una dulce melodía

Luis A. Morales Guzmán

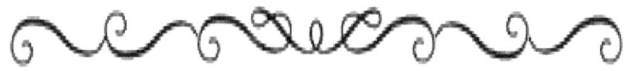

fue inspirada por amor
para brindarle al cantor
lo que su voz le pedía.

Por amor un buen pintor
le da vida a sus pinturas
hay otros que en su locura
no conocen el amor
y el humilde labrador
que labra y siembra la tierra
en su inmenso pecho encierra
la semilla del amor.

Por amor la alegría
surge de los sentimientos
yo les juro, que no miento
pues lo siento día a día
y es como melodía
de un coro celestial
que a mi alma hace vibrar
y a mi cuerpo le da vida.

Te he dejado de amar

Cuando mis ojos se nieguen
a mirar tu belleza
y mis labios no quieran
a los tuyos besar
sentirás en el alma
una inmensa tristeza
y sabrás con certeza:
te he dejado de amar.

Cuando mis brazos no quieran
abrazar a tu cuerpo
y mis manos caricias
no te puedan dar
sentirás como duele
la traición y el olvido
pero habrás comprendido,
te he dejado de amar.

Cuando mi voz sea ahogada
para no mencionarte
y mi mente no quiera
de ti nada pensar
sentirás que en tu vida
un amor has perdido

Luis A. Morales Guzmán

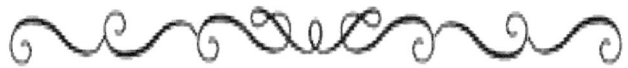

pero habrás comprendido,
te he dejado de amar.

Cuando veas que mi cuerpo
ya no quiera brindarte
el calor que en las noches
te solía calentar
sentirás como duele
una noche de frio
pero habrás comprendido
te he dejado de amar.

Cuando mi mano no pueda
dirigir tu camino
y te encuentres perdida
en tu largo vagar
sentirás que tu vida
ya no tiene sentido
porque habrás comprendido
te he dejado de amar.

Si algún día

Si algún día yo pudiera
despertar en ti el amor
para mí sería un honor
quererte y que me quieras
amarte de la manera
que yo solo sé amar
y que puedas cosechar
de mis manos primaveras.

Si algún día en tus ojos
me pudiera yo mirar
para así adivinar
tu pasión y tus antojos
ser la llave del cerrojo
que abriera tu corazón
y la única razón
que calmara tus enojos.

Si algún día tus tiernos labios
los pudiera yo besar
y en ellos depositar
este amor sin una agravio
detendría el horario
y el tiempo en el reloj

Luis A. Morales Guzmán

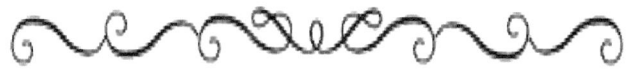

y pediría a mi Dios
ser por siempre tu sudario

Si algún día tus suaves manos
me cubrieran de caricias
y todas esas delicias
que me tienen hechizado
de tu amor seria el esclavo
prisionero de tu amor
y diría con honor
quiero ser tu enamorado.

Si algún día tu bello cuerpo
me brindara tu pasión
exclamaría de emoción
este amor ahora es cierto
sentiré que eres el puerto
que mi barca había soñado
y el oasis dorado
que se cruzó en mi desierto.

Perdóname Señor

Señor sé que soy pecador
porque ella es prohibida
pero llegó a mi vida
y despertó en mí el amor
hoy te ruego mi Señor
me perdones el pecado
por haberla adorado
a escondidas y sin control.

Señor ella fue mi adoración
ella fue mi gran locura
me envolvió con su hermosura
y perdí hasta la razón,
hoy te ruego mi perdón
Señor padre celestial
hoy te quiero confesar
ella fue mi tentación.

Señor su belleza y su dulzura
para mí fue una prisión
confinado en la pasión
de su cuerpo y su hermosura
adorando a su figura
como un loco enamorado

Luis A. Morales Guzman

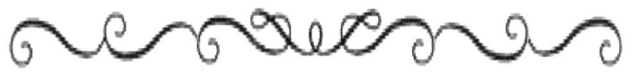

sin pensar en el pecado
y sus fuertes ataduras.

Señor soy culpable te confieso
la amé con el corazón
y de su cuerpo, su pasión
mucho tiempo estuve preso
hoy humilde yo te rezo
Señor mío del gran poder
y te juro no volver
a placeres como esos.

Oh Señor, mi Señor Dios
hoy te ruego y te pido
que me libres del castigo
a que ese amor me condenó
y pregunto a ti mi Dios
si tú al verla tan hermosa
pensarías en otra cosa
o la amarías como y

Qué

Qué si te amé han preguntado
y yo he de contestar
que te amé hasta el final
como jamás había amado
y si amarte fue pecado
y hoy me llaman pecador
si he pecado por amor
por amar seré juzgado.

Qué si estoy arrepentido
hoy han vuelto a preguntarme
qué si voy a confesarme
por amar lo que es prohibido
y yo vuelvo y les digo
que te amé con gran pasión
que fuiste mi tentación
no me importa ya el castigo.

Qué si soy un pecador
que si no temo al infierno
que tendré un castigo eterno
que he pecado por amor
que tal vez será mejor

Luis A. Morales Guzmán

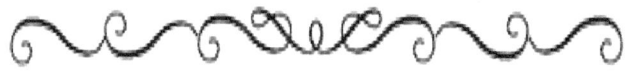

vaya al templo y confiese
y de rodillas allí rece
un padre nuestro al señor

Qué me importa

Qué me importa si comentan
que he llegado a la locura
sin saber que tu hermosura
a mis deseos alimenta
que más da si no lo aceptan
y me siguen señalando
porque yo te sigo amando
aunque todos se atormentan.

Qué me importa ya el mundo
si mi mundo eres tú
y a la vez eres la luz
de sentimientos profundo
de lo más bello y fecundo
que solo tú sabes dar
y me supiste brindar
cuando me halle moribundo.

Qué me importa el ancho mar
el cielo y las estrellas
si tú eres la doncella
con quien yo suelo soñar
que me importa un rosal
o una fuente cristalina

Luis A. Morales Guzmán

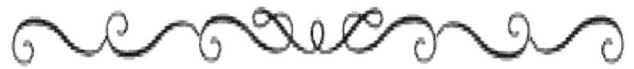

si tu belleza divina
me ha logrado hechizar.

Qué me importa a mí la luna
que se mira en la rivera
o flores que en primavera
embellecen la laguna
qué me importa una fortuna
de diamantes o zafiros
si por ti es que suspiro
como jamás por ninguna.

Qué me importa ya el tiempo
que me quede por vivir
si alegraste mi existir
y borraste mis tormentos
qué me importa el firmamento
sin tu figura sensual
si solo te quiero amar
y no basta un momento.

Luis A. Morales Guzmán

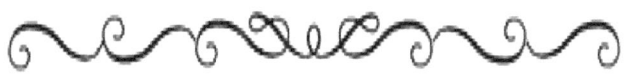

Sentimientos a la vida

Luis A. Morales Guzmán

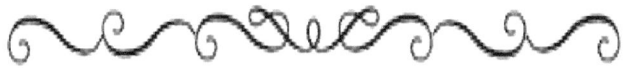

Los años de mi madre

Mi madre ya con el tiempo
no es la misma de ayer
ha empezado a envejecer
es muy triste su lamento
yo la miro, la contemplo
porque es una realidad
que la juventud es vanidad
y se pierde como el viento.

Sus manos ya muy cansadas
perdieron la fortaleza
y toda su gran destreza
ha quedado olvidada
hoy se siente fatigada
por su largo caminar
y solo puede soñar
con su época dorada.

Sus cabellos han perdido
el brillo y la belleza
y siente en su cabeza
que ha perdido los sentidos
y ese rumbo indefinido
que ha llevado por la vida

le ha causado mil heridas
en los años que ha vivido.

Sus ojos claros y bellos
han perdido la visión
ahora en toda ocasión
necesita espejuelos
ahora entiendo al abuelo
cuando llegó a la vejez
y decía que eso es
como enfrentarse en un duelo.

Sus labios que ayer besaron
mis mejillas con amor
hoy sienten con gran dolor
esos años que pasaron
y que a la vez se llevaron
con ellos su juventud
acabando la virtud
que una vez le regalaron.

Hoy veo como su piel
el tiempo la ha marchitado
y su andar más pesado
y más lento que el de ayer
lo he podido comprender
porque no es cosa de broma

Luis A. Morales Guzmán

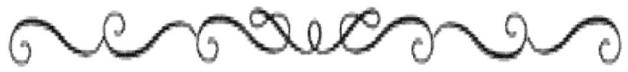

que el tiempo no perdona
hay que vivir con él.

Madre

Madre del alma querida
Dios te bendiga por siempre
por cargarme en tu vientre
y concederme la vida
tu eres la consentida
reina de todo mi amor
tú calmaste mi dolor
y curaste mis heridas.

Madre que tanto adoro
dueña de mi corazón
hoy digo con gran razón
que tu eres mi tesoro
humilde a Dios imploro
para que sea tu luz
y que siempre seas tú
ese ser que tanto añoro.

Madre jamás podré olvidar
tus cuidados cuando niño
ni aquel inmenso cariño
que me supiste brindar
hoy te quiero confesar
que eres todo para mí

Luis A. Morales Guzmán

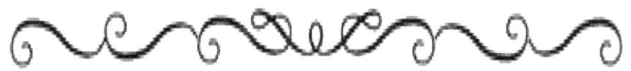

y guardo con frenesí
tu inmenso amor maternal.

Madre recuerdo tus sacrificios
y las noches que perdiste
pero nunca te rendiste
por el amor a tus hijos
recuerdo tu crucifijo
todas tus oraciones
y también las bendiciones
para librarnos de vicios.

Madre hoy quiero gritar al mundo
que el amor de madre es fiel
y que se enteren también
que es el más grande y fecundo
y ese amor tan profundo
que tú me haces sentir
es la razón de vivir
y seguir con fe mi rumbo.

Vuelve

Vuelve el ave a su nido
vuelve el río a su cauce
pero un amor que fracase
por siempre estará perdido
vuelve maltrecho y herido
un soldado de la guerra
que peleó en otras tierras
una guerra sin sentido.

Vuelve el barco al puerto
que un día lo vio zarpar
entre olas de la mar
hacia destinos inciertos
vuelve a caminos desiertos
el caminante sin rumbo
pero no vuelve a este mundo
el que duerme entre los muertos.

Vuelve la primavera
con sus flores y fragancias
vuelve desde la distancia
aquel que un día partiera
vuelve a su madriguera
el oso a pasar su invierno

Luis A. Morales Guzmán

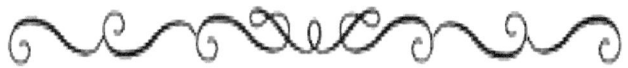

mas no vuelve del infierno
el que en pecado muriera.

Vuelve la luna a brillar
con destellos muy radiantes
vuelve la ola incesante
a la arena a besar
vuelve el reloj a contar
horas, minutos y segundos
pero no vuelve a su rumbo
el que ha extraviado su andar.

Vuelve a misa el sacristán
con gran fe y devoción
y volverá la rebelión
a luchar por techo y pan
y algún día volverán
a florecer en el campo santo
flores regadas con el llanto
de los que a diario allí van.

Bendecida Madre

Bendecida sea tu vida
porque de ella nací
y al nacer yo recibí
de tu vida bendecida
ese amor que nunca olvida
un amor que es bendición
!Oh¡ madre del corazón
por siempre serás bendecida.

Bendecidos sean tus ojos
que me miran con ternura
bendecida tu alma pura
porque no sabe de enojos
benditos tus labios rojos
que me brindan tu sonrisa
bendito donde tú pisas
porque está libre de abrojos.

Bendecida sea tu voz
que me dio sabiduría
benditos todos los días
que tu diestra me guío
bendito sea mi Dios
por darme una madre buena

Luis A. Morales Guzmán

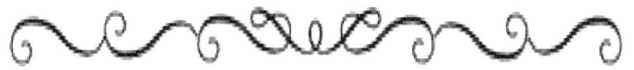

benditas las noches serenas
que en los brazos me arrulló.

Bendecidas sean tus manos
que me dieron mil caricias
y benditas aquellas misas
en aquel templo cristiano
donde con fe le rezamos
al divino creador
y bendito sea tu amor
por ser tan puro y tan sano.

Bendecidos sean tus brazos
que me dieron desde niño
ese amor y ese cariño
cuando estuve en tu regazo
benditos sean tus abrazos
oh madre del corazón
y bendita tu oración
para que cuide mis pasos.

Cuando se acabe mi tiempo

Cuando el reloj de mi corazón
detenga sus manecillas
anunciando mi partida
hacia el frio panteón
solo pido una oración
de mis queridos amigos
y si alguno he ofendido
que me conceda el perdón.

Cuando mi cuerpo sin vida
este rígido e inerte
porque ha llegado la muerte
a reclamar mi partida
una triste despedida
habrá en el campo santo
y muchas lágrimas de llanto
sobre mi tumba sombría.

Cuando no pueda mi ser
enfrentar otra batalla
mi espíritu se valla
porque voy a fallecer
viejas sombras del ayer
confundirán a mis ojos

Luis A. Morales Guzmán

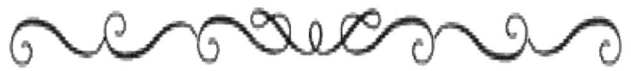

y de mi cuerpo despojos
solamente podrán ver.

Cuando mi voz quebrantada
sea el eco del silencio
porque se acaba mi tiempo
y ya voy de retirada
serán muchas las miradas
que verán mi ataúd
como un destello de luz
hasta la última morada.

Cuando amigos y hermanos
bajo una tarde lluviosa
depositen en la fosa
mis desechos humanos
verán que todo fue en vano
los placeres y las riquezas
porque de pies a cabeza
seré presa de gusanos.

Lo vi en sueños

Me fui en un sueño profundo
y vi tantas maravillas
vi lo hermoso de la vida
vi lo bello de este mundo
yo vi amores fecundos
brotar como primaveras
sin ninguna regadera
siguiendo siempre su rumbo.

Vi negros en compañía
de los blancos hacendados
y sentados a su lado
la cena compartían
también vi cómo florecían
flores de suaves fragancias
y de un caudal de elegancia
el mundo entero se vestía.

Vi al humilde labrador
regando buenas semillas
y también las maravillas
de la obra del Señor
vi al hombre pecador
totalmente arrepentido

Luis A. Morales Guzmán

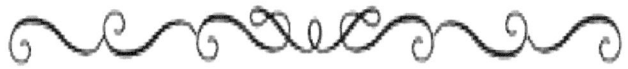

y al pobre oprimido
levantarse con valor.

Yo vi las grandes potencias
desarmando a sus soldados
y vi al hombre malvado
encadenado a su demencia
yo vi pidiendo clemencia
al tirano y al traidor
y vi brotar una flor
sin ayuda de la ciencia.

Yo vi inmensas llanuras
de trigo y de arroz
y vi las manos de Dios
compartirlos con ternura
yo vi la gran hermosura
de toda la creación
y vi como un corazón
le da vida a una criatura.

Yo vi brotar manantiales
de frescura y de pureza
y la inmensa belleza
de los enormes glaciales
yo vi surcar arenales

en Sahara y Pakistán
para cultivar el pan
de todas las clases sociales.

Yo vi hombres construyendo
un mundo más amoroso
y vi ríos caudalosos
grandes llanuras recorriendo
yo vi los hombres leyendo
las sagradas escrituras
y romper las ataduras
que al mundo va destruyendo.

Luis A. Morales Guzmán

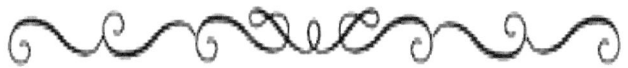

Presiento

Presiento que esta vida
muy pronto ha de acabar
y veo el mundo desangrar
por muchísimas heridas
la gente vaga perdida
entre penas y lamentos
buscando en todo momento
encontrar una salida.

Presiento ya tantas cosas
que no logro descifrar
y a veces en mi soñar
veo cosas espantosas
como mueren en las rosas
el color y la fragancia
y se pierde la elegancia
en la mujer más hermosa.

Presiento la humanidad
caminando sin sentidos
y hasta escucho los quejidos
que deja la cruel maldad
y en noches de soledad
a mi sombra le pregunto

si la tierra al difunto
tratará con dignidad.

Presiento al hombre mundano
arrastrándose en el lodo
por querer tenerlo todo
explotando al ser humano
actuando como un tirano
aferrado a su poder
sin pensar que al fallecer
será presa de gusanos.

Presiento niños llorando
por un pedazo de pan
y a las madres que estarán
mil plegarias elevando
presiento al hombre acabando
con el mundo y su belleza
y hasta siento la tristeza
que esas huellas van dejando.

Presiento los bellos mares
cubriéndose de basura
y hasta veo la locura
del hombre y todos sus males
presiento los manantiales

Luis A. Morales Guzmán

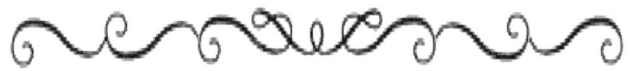

perdiendo su gran pureza
y a la gran naturaleza
convertirse en arrabales.

Presiento grandes llanuras
cubriéndose de cemento
y escucho el triste lamento
del jíbaro en la altura
presiento tantas diabluras
por las drogas y el licor
y al hombre pecador
cavando su sepultura.

Presiento el sufrimiento
de países tercermundistas
y a naciones comunistas
en grandes enfrentamientos
presiento a cada momento
que el mundo se va acabando
y el hombre sigue pensando
invadir el firmamento.

El dichoso y el desdichado

Dichoso el que ha tenido
el amor de una mujer
y lo ha visto florecer
como un vergel muy florido
pero desdichado el que ha querido
cultivar un gran amor
y desdicha y dolor
su cosecha siempre ha sido.

Dichoso el que en el mundo
tiene techo y comida
y da gracias por la vida
con gran fe y amor profundo
pero desdichado el vagabundo
que por techo tiene el cielo
y lo cubre un negro velo
que no deja ver su rumbo.

Dichoso el que al azar
a dado un golpe de suerte
que en segundos lo convierte
en el rey de algún lugar
pero desdichado ha de estar
el que vive en la pobreza

Luis A. Morales Guzmán

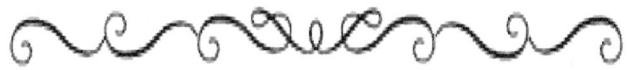

que no tiene en la mesa
ningún pan para cenar.

Dichoso el que camina
aferrado a la verdad
con amor y con bondad
lleno de gracia divina
pero desdichado el que se inclina
y aplaude las falsedades
que están llenas de maldades
y su vida contamina.

Dichoso el que es creyente
y ha cargado con su cruz
como hizo el buen Jesús
con espinas en la frente
pero desdichado el que miente
y se arrastra por el lodo
porque será de algún modo
señalado por la gente.

Dichoso el que ha encontrado
el camino hacia Jesús
y se guía por su luz
porque ha sido liberado
pero desdichado el que ha pisado

las huellas de Satanás
y se hunde más y más
en la maldad y el pecado.

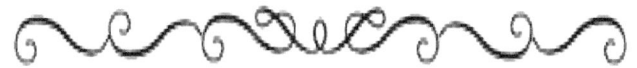

Dios el milagroso

Soñé que estaba caminando
por senderos misteriosos
y que Dios el milagroso
me estaba acompañando
mis pasos iba guiando
de una forma magistral
y de algo celestial
mi ser se iba llenando.

A cada paso que daba
todo era maravilloso
porque Dios el milagroso
en mi andar me acompañaba
paso a paso me guiaba
me ayudaba con mi cruz
porque era el buen Jesús
el que conmigo andaba.

El camino era hermoso
y reinaba la alegría
caminando noche y día
junto a Dios el milagroso
hacia el paraíso glorioso
donde todo es amor

porque reina el salvador
con corazón bondadoso.

Escuchaba un coro angelical
que cantaba alabanzas
crecía mi confianza
y el deseo de llegar
no quería despertar
de ese sueño tan hermoso
porque Dios el milagroso
me invitaba a cenar.

Aquello era tan divino
caminar con el Señor
por senderos de amor
por tan hermosos caminos
sin sufrir un desatino
porque Dios el milagroso
me ofrecía amoroso
de su pan y de su vino.

Luis A. Morales Guzmán

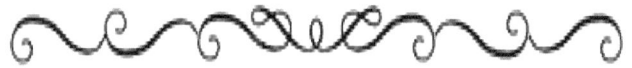

Si muero en

Si muero en primavera
escuchad lo que os pido
en mi sepulcro sombrío
poned una cruz de madera
y flores de la pradera
echen dentro del panteón
para cubrir el mentón
de mi horrible calavera.

Si muero en el invierno
os pido de corazón
que recen una oración
por mi descanso eterno
y que sepan mis fraternos
que de ese sueño profundo
despertare en otro mundo
y volveremos a vernos.

Si muero en el verano
no se olviden de cargar
mi ataúd hasta el final
del campo santo cercano
y que un amigo o hermano
despida el triste duelo

del que marcharé para el cielo
por ser creyente y cristiano.

Si muero en el otoño
entre penas y congojas
como un árbol sin hojas
como un soldado bisoño
no me tilden de carroño
yo les pido de favor
y consoláis el dolor
que sufrirán mis retoños.

Luis A. Morales Guzmán

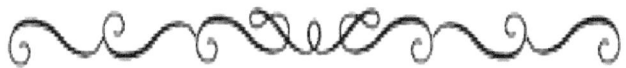

El mundo y el hombre

El mundo huele a muerte
el hombre huele a difunto
mundo y hombre en conjunto
amparados a su suerte
llevados por la corriente
hacia un abismo infernal
donde serán al final
un conjunto pero inerte.

El mundo gira al revés
el hombre anda perdido
mundo y hombre confundidos
de la órbita y los pies
y ahora sabrán por que
el mundo huele a muerte
es que el hombre por su suerte
será el difunto después.

El mundo se está perdiendo
el hombre volviéndose loco
mundo y hombre poco a poco
día y noche van muriendo
y ahora irán comprendiendo
porque digo con razón

que el mundo será el panteón
que al hombre ira consumiendo

Luis A. Morales Guzmán

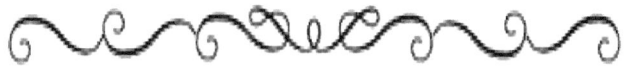

La Muerte

La he visto pasar silenciosa
con su habitual antifaz
al acecho sin piedad
cual serpiente venenosa
maliciosa y caprichosa
con su velo sepulcral
como ritual funeral
hasta llegar a la fosa.

La he visto atrincherada
entre rifles y cañones
y visitar los balcones
donde no es esperada
con su espada malvada
su vestimenta infernal
como el sueño final
hacia la otra morada.

La he visto en la guillotina
que espera al condenado
y también en el soldado
que entre fusiles camina
en la espada dura y fina
que rompe un corazón

y en la fuente munición
que cuando hiere calcina.

La he visto en el quejido
que sufre un moribundo
y en el dolor profundo
que siente un malherido
en el pobre desvalido
que sufre su padecer
y se arrastra sin poder
porque su fe ha perdido.

La he visto en mi habitación
como fiera del asecho
y me acompaña en el lecho
disfrazada de pasión
con su genial actuación
y singular vestimenta
como dolor que atormenta
sin ninguna compasión.

Luis A. Morales Guzmán

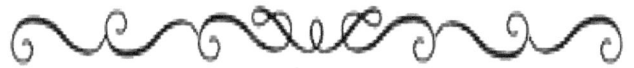

Mi Niñez

Nací en humilde morada
de madera y de zinc
donde gocé un sinfín
y me reí a carcajadas
donde en tardes soleadas
de mi niñez disfruté
y en las noches me acosté
con la esperanza dorada.

Allí mi madre cocinaba
funche y caldo de pescado
y yo bien entusiasmado
a la mesa me arrimaba
en un banquito me sentaba
esperando aquel banquete
de harina con salmonete
del que mi viejo pescaba.

El patio era pequeño
pero era lo ideal
allí podía jugar
me sentía rey y dueño
y viví los bellos sueños
de mi niñez fantasiosa

donde aprendí tantas cosas
en el entorno hogareño.

Jugaba con mi carrito
de lata y de madera
y también a las carreras
con caballos de palito
pero era el favorito
y me llenaba de orgullo
el que pegaba bien duro
ese era mi gallito.

Aquello era maravilloso
todo era felicidad
jugando en la vecindad
y sus lugares misteriosos
el callejón hacia el pozo
el que jamás se secaba
y la casa abandonada
de los cuentos fantasiosos.

Iba de vez en cuando
de pesca hasta río chico
con mis amigos más chicos
Trini, Juancho y Fernando
todos contentos y soñando

Luis A. Morales Guzmán

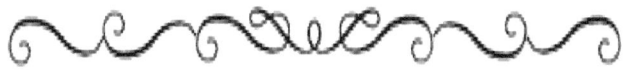

con pescar muchos cangrejos
para luego al regreso
pasar la ruta gozando.

Disfruté de mi niñez
corriendo hacia un guayabal
donde el sol sin preguntar
me iba dorando mi tez
y una y otra vez
iba al charco en la quebrada
donde por horas nadaba
igualito que un pez.

Tenía en mi habitación
envuelta en un papel
una foto bella y fiel
de mi primera comunión
y tirado en un rincón
un payaso despintado
que por siempre fue mi aliado
y me llenaba de emoción.

Soñaba con un cometa
que me llevara a las nubes
pues mi niñez la mantuve
de fantasías repleta

y con una bicicleta
que jamás pude montar
pues mi niñez fue soñar
como diría un poeta.

Luis A. Morales Guzmán

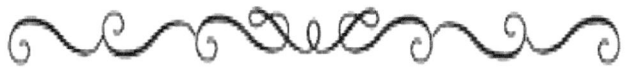

Silencio en mi apartamento

Estoy en mi apartamento
mirando el correr de las horas
y un silencio me devora
sin ningún remordimiento
no escucho ni el viento
nadie toca a mi puerta
mi vida se haya desierta
entre paredes de cemento.

En mi triste habitación
solo puedo oír yo
el tic tac de un reloj
que corre sin dilación
y que llama mi atención
cuando suena entre horas
mientras el silencio me devora
sin piedad, ni compasión.

El silencio que yo siento
parece de un campo santo
a veces me causa llanto
rabia, penas y lamentos
que dejan mis pensamientos
ahogados sin expresión

y a mi triste habitación
en todo un mar de tormentos.

Luis A. Morales Guzmán

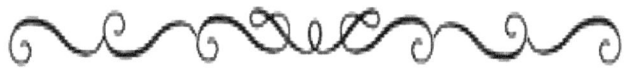

Soy

Soy jibaro borinqueño
amante de mi tierra
de los llanos y la sierra
donde germinan mis sueños
soy como el coquí isleño
como un pitirre bravío
como corriente de un rio
que corre solo y sin dueño.

Soy amante de las flores
de la fauna y los riachuelos
labrador de estos suelos
donde florecen amores
soy de un astro los fulgores
de la mañana el rocío
y en el patrio suelo mío
gran jardín de cundeamores.

Soy semilla que germina
entre los surcos arados
y un cielo estrellado
que a mi patria ilumina
soy la lluvia cristalina   \
que da vida a una ribera

soy un jíbaro que espera
porque mi fe no termina.

Soy roble que ha soportado
los vientos más tormentosos
soy un jíbaro orgulloso
de sus bueyes y el arado
soy un camino labrado
a fuerza de voluntad
del amor y la lealtad
que mi Dios me ha regalado.

Soy la brisa suave y fría
de un bello atardecer
y la noche de placer
que una amante soñaría
soy la suave melodía
del romance y el amor
y el humilde labrador
de esta tierra tuya y mía.

Soy amor que germinó
por la patria y la bandera
y la inmensa cordillera
que Yuquiyú caminó
soy la barca que ancló

Luis A. Morales Guzmán

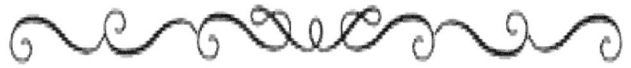

en un puerto de este edén
de esta bella Borinquén
que el taíno defendió.

Soy poema que ha nacido
de un amante corazón
y soy notas de canción
que revive los sentidos
soy el dolor, soy el quejido
de un pueblo atropellado
y de mi patria el soldado
que jamás se ha rendido.

Y soy como el moriviví
que muere, pero revive
y como roble que exhibe
en sus ramas un colibrí
yo soy aroma de alelí
y fragancia de un rosal
yo soy la arena junto al mar
en la patria en que nací.

Luis A. Morales Guzmán

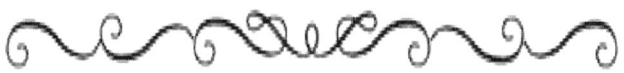

Sentimientos a la Patria

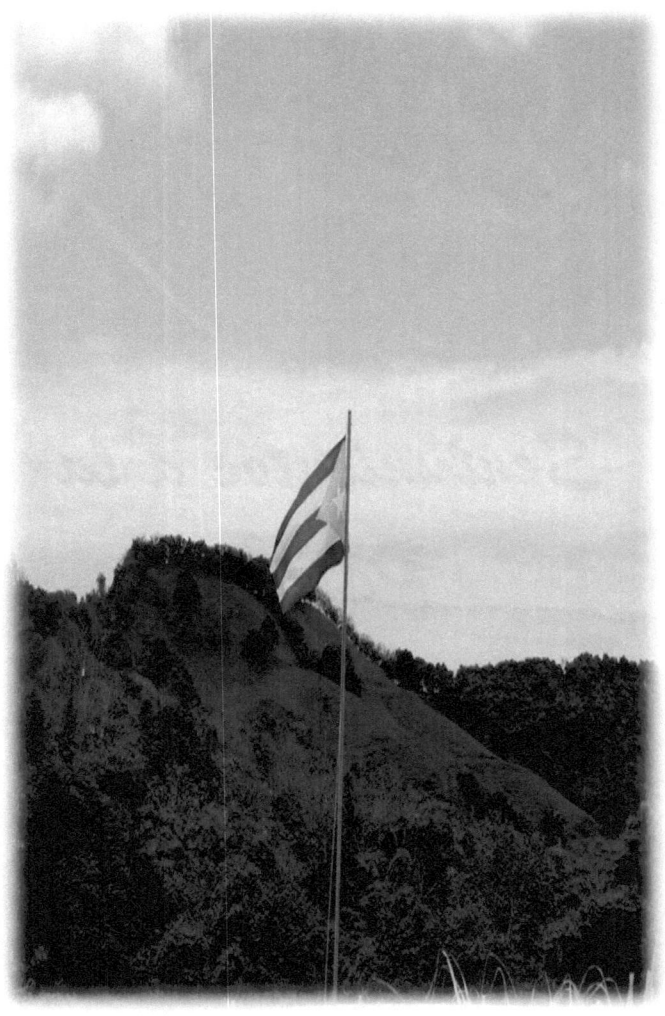

Luis A. Morales Guzmán

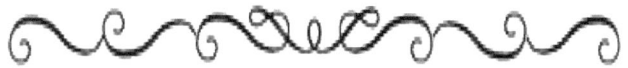

Esmeralda del Sureste

Esmeralda del Sureste
tu eres el paraíso
y serás el cobertizo
del hombre que por ti siente
el que se planta valiente
defendiendo tus riquezas
ese caudal de bellezas
que Dios te dio para siempre.

Hermosísima Esmeralda
que brillas en el Sureste
que grande ha sido mi suerte
de nacer aquí en tu falda
recorrer llanos y jaldas
tus montes con su verdor
donde canta el ruiseñor
cuando repunta en el alba.

Es tu gran naturaleza
un sitial de gran valor
eres fuente de amor
mi deidad de la belleza
eres tu esa promesa
que el Señor nos prometió

y así Patillas nació
cual si fuera una princesa.

Tus costas son el remanso
que baña el mar Caribe
y sobre la arena se exhibe
tu palmar que es un encanto
y son tus flores ese manto
de fragancias y colores
donde se escuchan sonoros
los coquíes con su canto.

Tus playas son la hermosura
que enamora al visitante
y se exhiben fascinantes
tus ríos por la llanuras
tus bosques con su espesura
son parte de tu belleza
y tu lago que no cesa
de regalarte frescura.

Tus tierras son el encanto
el alma y el corazón
de tus jíbaros que son
los que cultivan tus campos
y recipientes del llanto

Luis A. Morales Guzmán

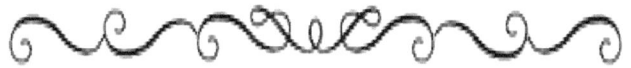

del hombre que te atesora
y la mujer que implora
para borrar tus quebrantos.

Eres tú la inspiración
de poetas y cantantes
que como fieles amantes
te quieren de corazón
eres fiel consolación
del que sufre y del que llora
del que sueña y que añora
ver forjada su ilusión

Esmeralda del Sureste
tu eres mi gran tesoro
eres la cuna que adoro
eres mi vida, mi suerte
y cuando un día la muerte
detenga mi respirar
a tu suelo quiero dar
por siempre mi cuerpo inerte.

A Don Ricardo Alegría

Don Ricardo Alegría
hombre de arte y cultura
que luchó con gran bravura
por lo que amaba y quería
ilustre de gran valía
guerrero de tantas batallas
qué libró por sus agallas
con tesón y gallardía.

Como buen puertorriqueño
para mí es un honor
exaltar tu gran valor
!oh¡ ilustre borinqueño
defensor del arte isleño
del folclor y la cultura
ilustre de gran bravura
forjador de muchos sueños.

Hoy la musa del poeta
ha surgido de tu nombre
Ricardo Alegría el hombre
de visión y muchas metas
hoy retumba en el planeta
tu caudal de alegría

Luis A. Morales Guzmán

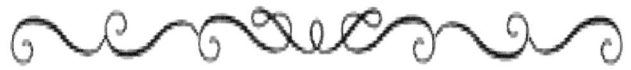

porque sé que día a día
tu memoria se respeta.

Defendiendo la cultura
siempre fuiste el mejor
con tesón y gran valor
sin ninguna armadura
rompiste mil ataduras
nos dejaste en el instituto
hoy tu pueblo está de luto
pero tu obra aún perdura.

Ilustre de gran valor
Don Ricardo Alegría
ejemplo en la patria mía
de cultura y de folclor
dando siempre lo mejor
como un buen borincano
que defendió con sus manos
la cultura con honor.

Rio Grande de Patillas

Bajando entre montañas
entre rocas y pendientes
puede verse claramente
lo que traes en tus entrañas
porque a los valles los baña
con aguas claras y puras
y le regalas frescura
a las llanuras de cañas.

Va llevando en su torrente
un caudal de melodías
que se escuchan noche y día
desde lo alto del puente
y qué forma en la vertiente
la más hermosa cascada
con las espumas más claras
que dispersa sus corrientes.

Sus aguas siguen surcando
las tierras con su torrente
y se ve majestuosamente
entre llanuras cruzando
y con sus fuerzas brincando
entre las verdes colinas

Luis A. Morales Guzmán

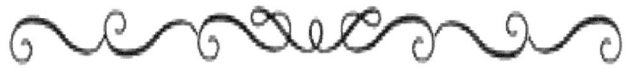

como la bestia felina
que todo va dominando.

Va mojando la corteza
en su largo caminar
para las flores regar
con su caudal de pureza
y le brinda más belleza
y verdor a la pradera
cruzando enredaderas
de esa gran naturaleza.

Al llegar hasta su cuna
el inmenso y bello lago
donde aguarda con agrado
ser espejo de la luna
y conseguir la fortuna
de algún día escapar
hasta la orilla del mar
sin que se ofenda ninguna.

Recuerdos de mi pueblo

Pedazo de patria mía
pueblo donde nací
donde se escucha el coquí
cuando se muere el día
hoy siento melancolía
de aquellos años pasados
pero que llevo grabados
aquí en la memoria mía.

Recuerdo a la bueyada
allá en el cañaveral
ttambién al mayoral
que a los peones mandaba
recuerdo cuando llegaba
al pueblito el piragüero
con su típico sombrero
pregonando sus piraguas.

Recuerdo los pregoneros
con sus dulces del país
de coco y ajonjolí
y a Don Erasmo el panadero
también había un herrero
Don Modesto se llamaba

Luis A. Morales Guzmán

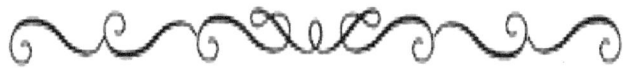

y que las bestia herraba
en todito el pueblo entero.

Recuerdo la primera guagua
de la ruta hacia el mamey
que llegaba hasta el batey
de las casitas de yagua
recuerdo bien que el agua
se buscaba en un pozo
y con la leña en trozos
era que se cocinaba.

Recuerdo al pescador
porque ese era mi padre
y no podía faltarle
un chinchorro de nilón
recuerdo a Astacio varón
un tremendo deportista
y a Cacoño el fondista
corredor de maratón.

Recuerdo las horas enteras
que el buen agricultor
labraba con gran amor
en la tierra en que naciera
recuerdo las costureras

que a todos nos vestía
y al amanecer del día
ver pasar las lavanderas.

Recuerdo a Machili
a Toño y Milton Plaud
y también al colorao
campo corto Don David
el rico y buen maví
que preparaba mi abuelo
y a Don Eulogio el heladero
con lo mejor del país.

Recuerdo a Angelita Lind
y la gloria que nos dio
y también cuando peleó
por el titulo pellín
al negrito Miguelin
el nene de doña Julia
y también a doña Obdulia
la esposa de Serafín.

Recuerdo a Feliz pinocho
suro pinche y polín
y también a don Quintin
con sus cuentos fantasiosos

Luis A. Morales Guzmán

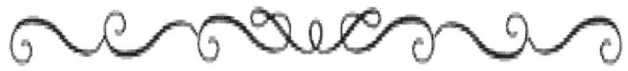

y no olvido al talentoso
Tioto Lind y su marimba
y a la vieja Dominga
la que bailaba sabroso.

Recuerdo cuando jugué
con mi carro de madera
y de las horas enteras
que mi chiringa elevé
recuerdo cuando estudié
mi primer año escolar
Mrs. Plaud me solía enseñar
matemáticas e inglés.

Recuerdo la primera vez
que fui al templo del señor
recuerdo que la oración
Padre Nuestro le recé
y también cuando soñé
con mis bellas fantasías
y la noche clara y fría
cuando al fin me enamoré.

Y no olvido como fue
con mi padre en el teatro
estrenando unos zapatos

para ver el matiné
y también cuando llegué
a la edad de adolescente
quería ser como Clemente
pero solo lo soñé.

Recuerdo los limpia botas
los domingo en la plaza
y ver pasar las muchachas
tan radiantes, tan hermosas
y recuerdo tantas cosas
de mi pueblo y de mi gente
que seguirán en mi mente
hasta que llegue a la fosa.

Luis A. Morales Guzmán

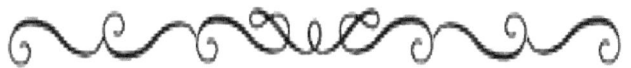

Orgullosos Campeones

Orgullosos campeones
hoy se encuentran celebrando
lo que lograron bateando
desde hits hasta jonrones
llenando de emociones
a su fiel fanaticada
que por la gesta lograda
aplaudieron por montones.

En la segunda Carlitos
defendió con gallardía
y en el siore lo hacía
el explosivo Pedrito
con Juan Ramos el caballito
defendiendo en el central
mientras Chiquin por igual
aportaba su granito.

En la receptoría Tito Colón
defendió efectivamente
y demostró claramente
lo que es batear de jonrón
y Mencho bateó un montón
con bases congestionadas

demostrando más que nada
lo que es un campeón.

Triny y Tito Velázquez
fueron puro veneno
dejando sobre el terreno
el sudor en cada parque
Chevo de Alba por su parte
cocheando desde tercera
y Aníbal desde primera
demostraba su gran arte.

Carlos Rodríguez actuó
como outfield y designado
y en los juegos jugados
su talento demostró
Frank Rodríguez llegó
muy dispuesto a lanzar
pero su lanzamiento mortal
al árbitro no le gustó

Marcos Meléndez lanzó
muy bien en la regular
y en la serie final
el hombre se congeló
pero Fredy Pagán relevó

Luis A. Morales Guzmán

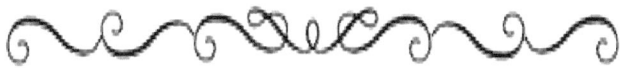

dominando al Mamey
mientras Evy como un rey
el campeonato logró.

En la esquina caliente
Guiso Pesky lesionado
pero dio tremendo out
y jugó inteligente
y en la loma el eficiente
Tony Millán dominaba
mientras el bate tronaba
como si fuera clemente.

Wilman Plaud se soltó
en la serie a dar batazos
y cual guardia a macanazos
al contrario dominó
el Mamey no se quitó
porque buen equipo es
pero se fueron en tres
y el lechón se les quedó.

El joven Wally llegó
cual fanático especial
y en el mascota ideal
muy pronto se convirtió

Evy Antonetty pasó
malos ratos a montones
pero su equipo con jonrones
el campeonato le dio.

Luis A. Morales Guzmán

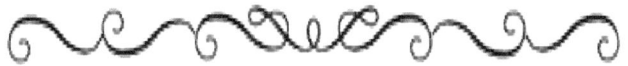

Puerto Rico Patria Bella

Puerto Rico patria bella
precioso jardín de flores
remanso de mis amores
espejo de las estrellas
cuna de bellas doncellas
caudal de tanta hermosura
tierra bella, buena y pura
este jíbaro te cela.

Patria bella yo quisiera
besar tu cálido suelo
bañarme en tus riachuelos
y tus playas hechiceras
mirar tus verdes palmeras
en tus costas vigilantes
y sentirme el amante
de tu inmensa cordillera.

En las noches yo deseo
caminar por tus colinas
y si el sueño me domina
soñarte como te veo
tu Julieta, yo Romeo
tu mi reina, mi amor

yo el humilde servidor
el que te ama sin rodeos.

Puerto Rico cuna mía
bella isla del edén
oh! mi hermosa Borinquén
tierra de herencia bravía
hoy siento tu lejanía
extraño tus verdes campos
oh, patria que adoro tanto
yo te sueño noche y día.

Yo quiero patria hermosa
que un día cuando muera
me arropen con tu bandera
antes de ir a la fosa
y que tu tierra celosa
guarde mis restos humanos
pero llevando en mis manos
la más bella de las rosas.

Luis A. Morales Guzmán

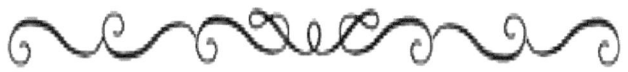

Árboles y Aves

Bella isla del Caribe
esa es mi Borinquén
treinta y cinco por cien
de belleza ella exhibe
en ese terruño vive
el coquí y el jilguero
y el pájaro carpintero
que su labor los describe.

En mi bello Puerto Rico
se encuentra el ruiseñor
el zorzal ave cantor
el chupaflor ave chico
el pitirre bueno al pico
el guaraguao ave rapiña
y la reinita que es la niña
de ese bello paraíso.

La reina mora y el falcón
y las palomas sabaneras
merodean la cordillera
desde el Yunque hasta Rincón
la yaboa y el garzón
polla de mangle y gallareta

esos siempre están de fiesta
en la costa de Boquerón.

En ese bello edén
hay robles y flamboyanes
hay ceibas y tulipanes
malagueta y pichipen
el jagüey se ve también
en la inmensa pradera
y la caoba duradera
resistente al comején.

La higuera que el artesano
trabaja de mil maneras
se encuentra por donde quiera
en la montaña y el llano
el jobo, el mango y el guano
el almendro y el tamarindo
son arboles que distingo
en mi suelo borincano.

Luis A. Morales Guzmán

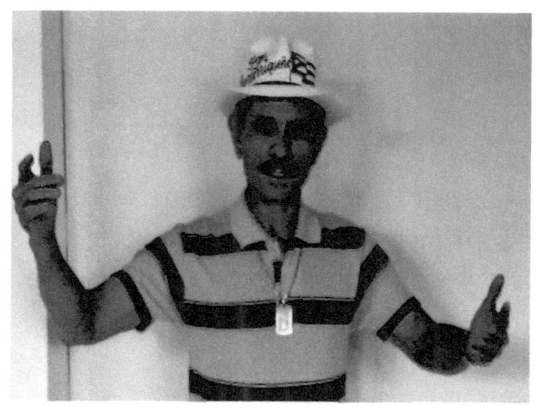

El poeta Luis A. Morales Guzmán nació un 27 de junio en el pueblo de Patillas Puerto Rico. Son sus padres Ana María Guzmán Tirado y el Sr. Anselmo Morales Dilán. Es el mayor de siete hermanos. A muy temprana edad se interesó por la poesía y la declamación. En el año1973, participa en su primer programa de una estación radial en el pueblo de Guayama junto a los poetas y declamadores Sigfredo Badillo y Juan Rivera Díaz. Sigue escribiendo poesía decimas y plenas las que lleva al público a través de los programas radiales de la joven Iris Yolanda Cintrón y los del Sr. Federico (Yico) León ya fallecido.

En el año 2010, se une al grupo poético-literario La Liga de Poetas del Sur con el cual lleva su poesía a diferentes lugares de la isla. Además participó en el primer festival internacional de teatro Folclore y Poesía junto a poetas de Colombia, Perú, República Dominicana y Puerto Rico. A final de ese mismo año viajó junto a Nora Cruz, poeta y fundadora de la Liga de Poetas del Sur, y el poeta José A. Mateo a República Dominicana donde pasó varios días llevando su poesía junto a los poetas dominicanos Ramona Santana, Rafael Minyeti, Virgilio López Azuan, entre otros a diferentes lugares de la vecina isla.

En el año 2011, escribió el poema: Esmeralda del Sureste dedicado a Patillas, el pueblo que lo vio nacer, para la celebración del bicentenario del mismo ya que dicho pueblo celebraba los doscientos años de fundado (1811–2011). Algunos de sus trabajos están publicados en los libros: Patillas en la

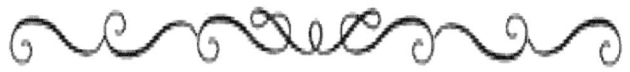

poesía y la primera antología de la liga de poetas del sur. En junio de 2012, participó en el séptimo festival puertorriqueño celebrado en Parque Central en Denver, Colorado, donde expuso su poesía patriótica y recibe un reconocimiento de los organizadores Al Velázquez y María Arroyo.

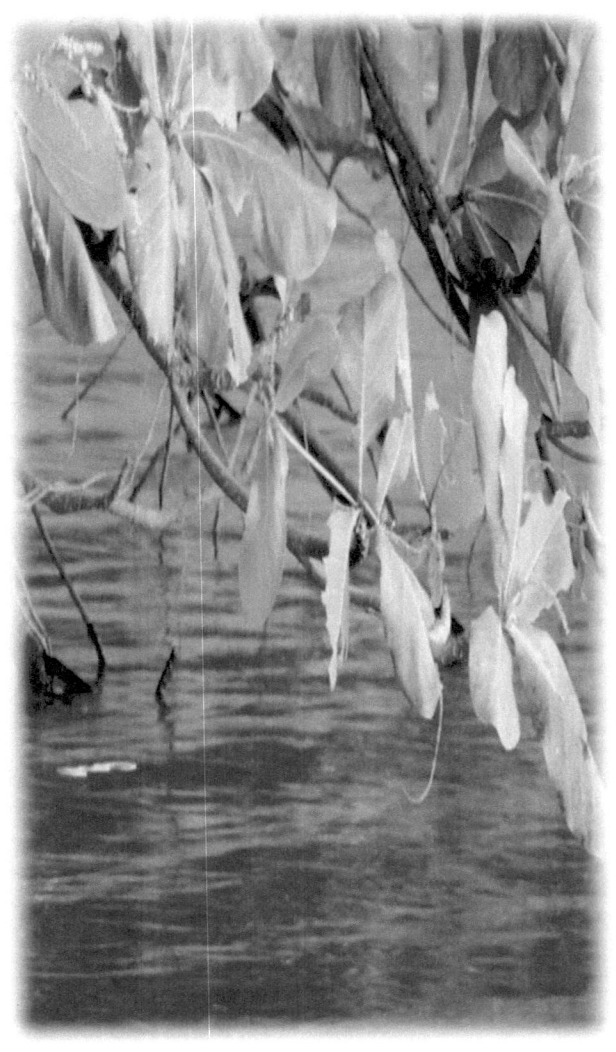

Luis A. Morales Guzmán

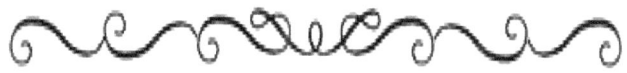

Índice

Sentimientos a la Patria

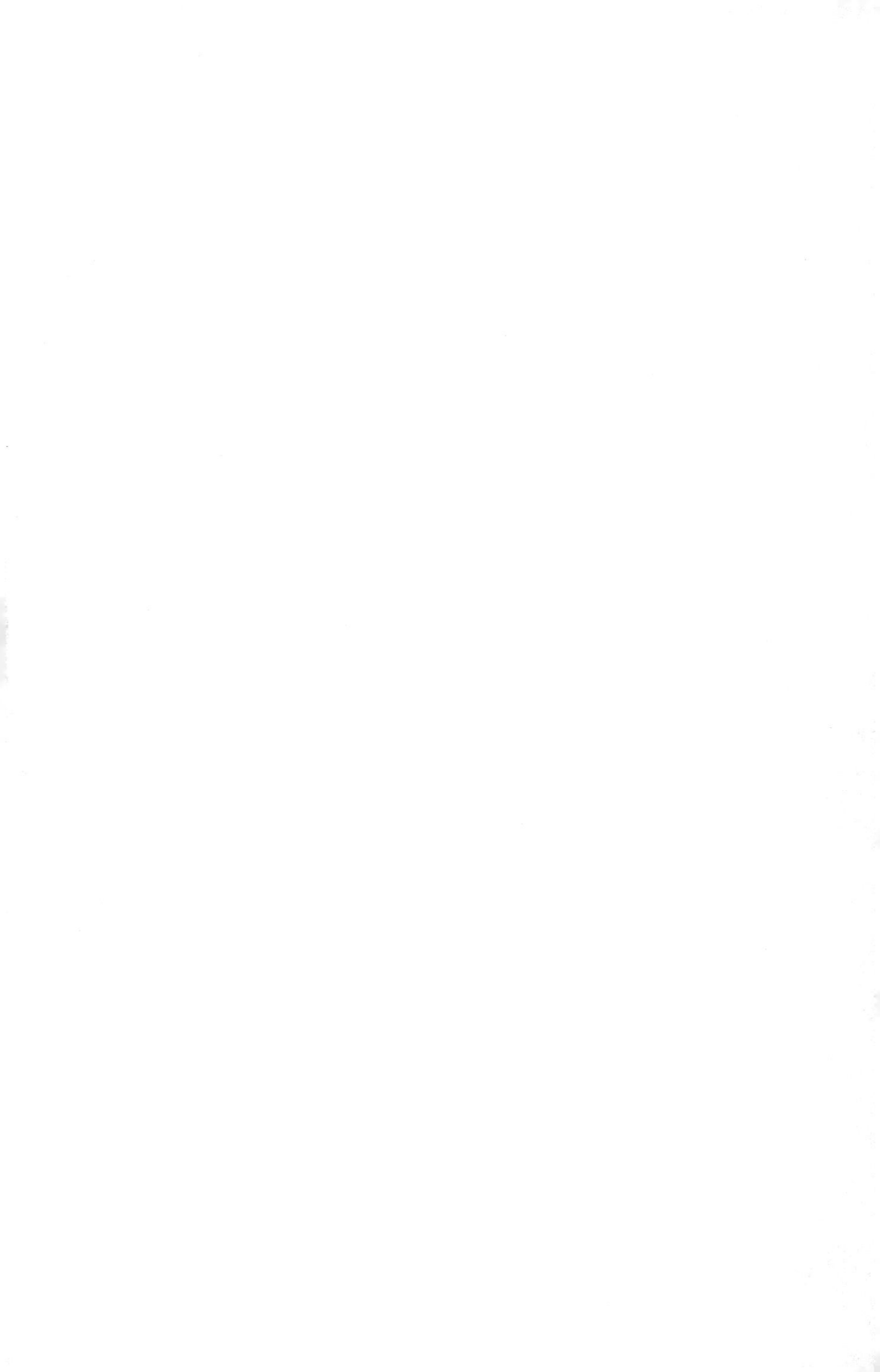